V*ital* K*itchen*:

gesund kochen, bewusst genießen

Gewichtsreduktion & Zellschutz inklusive

Marcus Karl HAMAN

Ernährung ersetzt keine medizinische Therapie – doch sie kann eine enorme Unterstützung sein. Sie gibt Kraft, fördert guten Schlaf und stärkt das Wohlbefinden. In meinem Fall half sie mir, mein Gewicht zu regulieren, meine Energie zu steigern und ein neues, positives Körpergefühl zu entwickeln. Das wiederum war essenziell für meine mentale Stärke, die ich für meinen Heilungsweg dringend brauchte.

Vital Kitchen:

gesund kochen, bewusst genießen

Gewichtsreduktion & Zellschutz inklusive

Marcus Karl HAMAN

Impressum

Bibliographic information of the German National Library: The German National
Library lists this publication in the German National Bibliography;
detailed bibliographic data are available on the Internet via
http://dnb.dnb.de.

© 2025 Marcus Karl HAMAN
Publisher: BoD · Books on Demand GmbH, Überseering 33,
22297 Hamburg, bod@bod.de
Print: Libri Plureos GmbH, Friedensallee 273, 22763 Hamburg
ISBN: 978-3-8192-7720-7

Bibliografische Information der Deutschen Nationalbibliothek:
Die Deutsche Nationalbibliothek verzeichnet diese Publikation in der
Deutschen Nationalbibliografie; detaillierte bibliografische Daten sind im
Internet über http://dnb.dnb.de abrufbar.

© 2025 Marcus Karl HAMAN

Verlag: BoD · Books on Demand GmbH, Überseering 33, 22297
Hamburg, bod@bod.de
Druck: Libri Plureos GmbH, Friedensallee 273, 22763 Hamburg
ISBN: 978-3-8192-7720-7

Inhaltsverzeichnis

Vital Kitchen - gesund kochen, bewusst genießen

Vital Kitchen - gesund kochen, bewusst genießen

Vital Kitchen - gesund kochen, bewusst genießen

Vital Kitchen - gesund kochen, bewusst genießen

Die Gesundheit ist das höchste Gut des Menschen – und doch wird uns ihre wahre Bedeutung oft erst dann bewusst, wenn sie in Gefahr gerät. Solange unser Körper funktioniert, schenken wir ihm meist wenig Beachtung. Doch wenn Krankheit uns herausfordert, rückt die Gesundheit schlagartig in den Mittelpunkt unseres Denkens und Handelns.

Auch ich musste diese Erfahrung machen. Eine schwere Erkrankung, die tödlich hätte enden können, stellte mein Leben auf den Kopf. Doch ich habe mich entschieden, nicht aufzugeben. Es war nicht allein eine radikale Ernährungsumstellung, die mir geholfen hat, sondern vielmehr das Zusammenspiel aus medizinischer Behandlung, mentaler Stärke und gezielter Unterstützung meines Körpers durch eine bewusste Ernährung. Ich wollte meinem Körper die bestmöglichen Voraussetzungen bieten, um sich auf das Wesentliche zu konzentrieren: die Regeneration und Heilung.

Ernährung ersetzt keine medizinische Therapie – doch sie kann eine enorme Unterstützung sein. Sie gibt Kraft, fördert guten Schlaf und stärkt das Wohlbefinden. In meinem Fall half sie mir, mein Gewicht zu regulieren, meine Zellen zu schützen, Energie zu steigern und ein neues, positives Körpergefühl zu entwickeln. Das wiederum war essenziell für meine mentale Stärke, die ich für meinen Heilungsweg dringend brauchte.

Ich bin kein Mediziner, aber meine persönliche Erfahrung hat mir gezeigt, dass Ernährung ein entscheidender Faktor auf dem steinigen Weg der Genesung ist. Eine konsequente Umsetzung bewusster Essgewohnheiten kann den Körper unterstützen, ihm Kraft geben und ihn in seiner natürlichen Fähigkeit zur Selbstheilung fördern. Dieses Buch soll zeigen, wie eine gesunde Ernährung nicht nur das Wohlbefinden verbessert, sondern auch eine wertvolle Begleitung auf dem Weg zu mehr Gesundheit und Lebensqualität sein kann.

Dieses Buch zeigt zudem, dass gesunde und köstliche Rezepte nicht zwangsläufig auf Kohlenhydrate, Zucker und Stärke angewiesen sind. Oft sind wir es gewohnt, bestimmte Zutaten als unverzichtbar zu betrachten – doch es gibt zahlreiche Alternativen, die nicht nur den Blutzuckerspiegel stabil halten, sondern auch den Genuss nicht zu kurz kommen lassen.

Mit kreativen, nährstoffreichen Rezepten möchte ich Ihnen zeigen, dass eine bewusste Ernährung weder Verzicht noch geschmackliche Einbußen bedeuten muss. Vielmehr eröffnet sie neue Möglichkeiten, den Körper optimal zu versorgen und gleichzeitig Freude am Essen zu bewahren. Lassen Sie sich inspirieren und entdecken Sie eine neue Art der gesunden Küche!

Diese Ernährung hilft und unterstützt die Anti-Krebs-Therapie, da der Körper die Ressourcen aufbringen kann, um „schlechte" Zellen zu bekämpfen, da der Körper durch die gezielte Ernährung nicht übermäßig belastet wird.

Blutzucker-Balance: Gesunde Ernährung für stabile Energie

Einleitung:

In unserer heutigen Gesellschaft ist der Blutzuckerspiegel ein entscheidender Faktor für unsere Gesundheit und unser Wohlbefinden. Schwankungen können zu Energieeinbrüchen, Heißhungerattacken und langfristig zu Erkrankungen wie Diabetes führen. Dieses Buch bietet Ihnen einen umfassenden Leitfaden für eine Ernährung, die den Blutzuckerspiegel stabil hält und Ihre Gesundheit langfristig fördert.

Ein stabiler Blutzuckerspiegel ist essenziell für unsere körperliche und geistige Leistungsfähigkeit. Schwankungen können nicht nur kurzfristig zu Müdigkeit, Konzentrationsstörungen und Heißhunger führen, sondern langfristig auch das Risiko für chronische Erkrankungen wie Diabetes Typ 2, Herz-Kreislauf-Probleme und Übergewicht erhöhen. Eine blutzuckerfreundliche Ernährung hilft dabei, den Stoffwechsel im Gleichgewicht zu halten, Energie konstant bereitzustellen und das allgemeine Wohlbefinden zu verbessern.

Das Geheimnis einer stabilen Blutzuckerregulation liegt in der Wahl der richtigen Nahrungsmittel sowie in einem bewussten Essverhalten. Lebensmittel mit einem niedrigen glykämischen Index, ausreichend Ballaststoffen, gesunden Fetten und Proteinen spielen dabei eine entscheidende Rolle. Ebenso wichtig sind regelmäßige Mahlzeiten, ausreichende Bewegung und ein ausgeglichener Lebensstil, um den Blutzucker auf natürliche Weise zu regulieren.

Dieses Buch vermittelt Ihnen fundierte Kenntnisse über den Blutzuckerspiegel, seine Bedeutung für den Körper und praktische Tipps für eine ausgewogene Ernährung. Sie erfahren, welche Lebensmittel sich positiv auf den Blutzucker auswirken, wie Sie Mahlzeiten optimal zusammenstellen und welche weiteren Faktoren eine gesunde Blutzuckerbalance unterstützen. Lassen Sie uns gemeinsam einen Weg finden, Ihre Ernährung nachhaltig zu optimieren und damit Ihre Gesundheit und Lebensqualität langfristig zu verbessern.

Kapitel 1: Die Bedeutung des Blutzuckerspiegels

- Was ist der Blutzuckerspiegel?
- Wie beeinflusst er unseren Körper?
- Folgen von starken Schwankungen

Die Bedeutung des Blutzuckerspiegels

Dieses Kapitel erklärt die grundlegenden Mechanismen des Blutzuckerspiegels und dessen Auswirkungen auf den Körper. Es wird erläutert, wie der Blutzucker durch Nahrungsaufnahme, hormonelle Prozesse und körperliche Aktivität reguliert wird. Zudem werden die Folgen von starken Schwankungen thematisiert, wie etwa Energieabfälle, Heißhunger und langfristige gesundheitliche Risiken wie Insulinresistenz und Diabetes.

Der Glykämische Index (GI) und die Glykämische Last (GL)

Der glykämische Index (GI) ist eine Kennzahl, die beschreibt, wie schnell und in welchem Ausmaß ein kohlenhydrathaltiges Lebensmittel den Blutzuckerspiegel ansteigen lässt. Die Skala reicht von 0 bis 100, wobei reiner Traubenzucker (Glukose) den Referenzwert 100 hat. Lebensmittel mit einem hohen GI (über 70) lassen den Blutzucker schnell ansteigen, während Lebensmittel mit einem niedrigen GI (unter 55) den Blutzucker langsamer erhöhen.

Einflussfaktoren auf den GI:

- Art der Kohlenhydrate: Einfachzucker erhöhen den GI stärker als komplexe Kohlenhydrate.
- Ballaststoffe: Verlangsamen die Verdauung und senken den GI.
- Zubereitung: Gekochte oder verarbeitete Lebensmittel haben oft einen höheren GI.
- Fett- und Proteingehalt: Diese Komponenten verlangsamen die Aufnahme von Kohlenhydraten.

Da der GI nur die Qualität der Kohlenhydrate berücksichtigt, aber nicht die tatsächliche Menge in einer typischen Portion, wurde das Konzept der glykämischen Last (GL) eingeführt.

Die Glykämische Last (GL)

Die glykämische Last (GL) berücksichtigt sowohl den GI als auch die Menge der aufgenommenen Kohlenhydrate. Sie wird nach folgender Formel berechnet:

$$GL = \frac{GI \times \textbf{Kohlenhydratmenge(ing)}}{100}$$

Einordnung der GL-Werte:

- Niedrig: unter 10
- Mittel: 10–20
- Hoch: über 20

Ein Lebensmittel kann also einen hohen GI haben, aber dennoch eine niedrige glykämische Last, wenn die enthaltene Kohlenhydratmenge gering ist (z. B. Wassermelone).

Bedeutung für die Ernährung

Lebensmittel mit einem niedrigen GI und einer niedrigen GL sind vorteilhaft, da sie den Blutzucker stabil halten, Heißhungerattacken vermeiden und langfristig zur Gewichtsregulation sowie zur Vorbeugung von Diabetes beitragen können.

Empfohlene Lebensmittel mit niedrigem GI und GL:

- Vollkornprodukte
- Hülsenfrüchte (Linsen, Kichererbsen)
- Gemüse
- Nüsse
- Milchprodukte

Hingegen sollten Lebensmittel mit hohem GI und hoher GL, wie Weißbrot, Süßigkeiten oder zuckerhaltige Getränke, in Maßen konsumiert werden.

Der Blutzucker (Glukose) spielt eine zentrale Rolle im Körper, da er die Hauptenergiequelle für Zellen, Organe und das Gehirn ist. Ein stabiler Blutzuckerspiegel ist entscheidend für Gesundheit und Wohlbefinden. Hier sind die wichtigsten Auswirkungen des Blutzuckers auf den Körper:

1. Energieversorgung

Glukose aus der Nahrung gelangt ins Blut und wird von den Zellen zur Energiegewinnung genutzt. Das Hormon Insulin, das in der Bauchspeicheldrüse produziert wird, hilft dabei, Glukose aus dem Blut in die Zellen aufzunehmen.

2. Auswirkungen von zu hohem Blutzucker (Hyperglykämie)

Ein dauerhaft erhöhter Blutzuckerspiegel kann durch übermäßigen Konsum von Zucker und Kohlenhydraten entstehen oder durch Insulinresistenz (z. B. bei Diabetes). Folgen können sein:

- Energieabfall und Müdigkeit: Paradoxerweise kann man sich trotz hoher Blutzuckerwerte schlapp fühlen, da die Glukose nicht effektiv in die Zellen gelangt.
- Durst und häufiges Wasserlassen: Der Körper versucht, überschüssige Glukose über den Urin auszuscheiden.
- Zellschäden und Entzündungen: Hoher Blutzucker kann Blutgefäße und Nerven schädigen, was langfristig zu Herz-Kreislauf-Erkrankungen, Nierenschäden und Nervenschäden führen kann.
- Gewichtszunahme: Hoher Insulinspiegel fördert die Speicherung von Fett, insbesondere im Bauchbereich.

3. Auswirkungen von zu niedrigem Blutzucker (Hypoglykämie)

Ein zu niedriger Blutzucker kann durch längere Hungerphasen, übermäßige Insulinproduktion oder starken Zuckerkonsum mit anschließender Insulinreaktion entstehen. Folgen können sein:

- Schwäche, Zittern und Schweißausbrüche
- Konzentrationsprobleme und Reizbarkeit
- Heißhungerattacken
- Bewusstlosigkeit und im Extremfall Koma

4. Blutzucker und das Gehirn

Das Gehirn ist auf eine konstante Glukosezufuhr angewiesen. Schwankungen im Blutzucker können daher starke Auswirkungen auf Stimmung, Konzentration und geistige Leistungsfähigkeit haben. Langfristig kann ein schlecht regulierter Blutzucker das Risiko für neurodegenerative Erkrankungen wie Alzheimer erhöhen.

Fazit:

Warum ein stabiler Blutzucker wichtig ist

Ein gleichmäßiger Blutzuckerspiegel sorgt für konstante Energie, verhindert Heißhunger und schützt langfristig vor gesundheitlichen Problemen. Dies kann durch eine ausgewogene Ernährung, regelmäßige Bewegung und den Verzicht auf stark verarbeitete, zuckerreiche Lebensmittel erreicht werden.

Folgen von starken Schwankungen des Blutzuckerspiegels

Ein stark schwankender Blutzuckerspiegel – also schnelle Anstiege und Abstürze – kann erhebliche Auswirkungen auf den Körper haben. Diese Schwankungen treten häufig durch zuckerreiche Ernährung, unregelmäßige Mahlzeiten oder eine gestörte Insulinregulation (z. B. Insulinresistenz oder Diabetes) auf.

Kurzfristige Folgen

1. **Müdigkeit und Erschöpfung**
   - Nach einem Blutzuckerhoch folgt oft ein schneller Abfall, was zu Energielosigkeit und Konzentrationsproblemen führt.
2. **Heißhungerattacken**
   - Nach einem raschen Blutzuckerabfall signalisiert der Körper Hunger, oft auf schnelle Kohlenhydrate, wodurch eine Blutzucker-Achterbahn entsteht.
3. **Kopfschmerzen und Schwindel**
   - Eine Unterzuckerung (Hypoglykämie) kann zu Kopfschmerzen, Zittern, Herzrasen und Schweißausbrüchen führen.
4. **Reizbarkeit und Stimmungsschwankungen**
   - Blutzuckerschwankungen beeinflussen die Produktion von Neurotransmittern wie Serotonin, was zu Reizbarkeit, Nervosität und Stimmungstiefs führen kann.

Langfristige Folgen

1. **Erhöhtes Risiko für Diabetes Typ 2**
    - o Häufige Blutzuckerspitzen belasten die Bauchspeichel-drüse, die mehr Insulin produzieren muss. Dies kann zu Insulinresistenz und Diabetes führen.
2. **Gewichtszunahme und Fettleibigkeit**
    - o Hohe Insulinspiegel fördern die Fettspeicherung, insbesondere im Bauchbereich.
3. **Herz-Kreislauf-Erkrankungen**
    - o Chronisch hohe Blutzuckerspiegel schädigen die Blutgefäße und erhöhen das Risiko für Bluthochdruck, Arteriosklerose und Herzinfarkt.
4. **Kognitive Beeinträchtigungen**
    - o Langfristig können Blutzuckerschwankungen das Gehirn schädigen und das Risiko für Demenz und Alzheimer erhöhen.
5. **Hormonelle Störungen**
    - o Insulin beeinflusst andere Hormone wie Cortisol (Stresshormon) und Leptin (Sättigungshormon), was zu Schlafstörungen und unkontrolliertem Appetit führen kann.

Wie kann man Blutzuckerschwankungen vermeiden?

☑ Komplexe Kohlenhydrate bevorzugen (z. B. Vollkornprodukte, Hülsenfrüchte)

☑ Protein- und ballaststoffreiche Ernährung zur langsameren Zuckeraufnahme

☑ Regelmäßige Mahlzeiten vermeiden extreme Blutzuckerabfälle

☑ Vermeidung von stark verarbeiteten Lebensmitteln (zuckerreiche Snacks, Softdrinks)

☑ Bewegung verbessert die Insulinsensitivität und stabilisiert den Blutzucker

Ein stabiler Blutzucker sorgt für mehr Energie, bessere Konzentration und langfristige Gesundheit. Falls du eine spezielle Frage hast, lass es mich wissen!

Kapitel 2: Grundprinzipien einer blutzuckerfreundlichen Ernährung

- Der glykämische Index und die glykämische Last
- Makronährstoffe und ihr Einfluss auf den Blutzucker
- Die Rolle von Ballaststoffen

Grundprinzipien einer blutzuckerfreundlichen Ernährung.

Hier werden die grundlegenden Prinzipien für eine Ernährung vorgestellt, die den Blutzucker stabil hält. Dazu gehört eine detaillierte Erklärung des glykämischen Index und der glykämischen Last, um besser zu verstehen, wie verschiedene Lebensmittel den Blutzuckerspiegel beeinflussen. Zudem wird auf die Rolle von Makronährstoffen – Kohlenhydrate, Proteine und Fette – sowie die Bedeutung von Ballaststoffen eingegangen.

Ein stabiler Blutzuckerspiegel ist entscheidend für die allgemeine Gesundheit, das Energielevel und die Vermeidung von Heißhungerattacken. Eine blutzuckerfreundliche Ernährung hilft dabei, Blutzuckerspitzen zu vermeiden und das Risiko für Diabetes Typ 2 sowie andere Stoffwechselerkrankungen zu senken. Die folgenden Prinzipien unterstützen eine gesunde Blutzuckerregulation:

1. Komplexe statt einfacher Kohlenhydrate wählen

Nicht alle Kohlenhydrate wirken gleich auf den Blutzucker.

- Einfache Kohlenhydrate wie weißer Zucker, weißes Brot und stark verarbeitete Lebensmittel lassen den Blutzucker schnell ansteigen und ebenso schnell wieder abfallen.
- Komplexe Kohlenhydrate wie Vollkornprodukte, Hülsenfrüchte und ballaststoffreiches Gemüse werden langsamer verdaut und setzen die Glukose allmählich frei, wodurch Blutzuckerschwankungen minimiert werden.

2. Ballaststoffreiche Lebensmittel bevorzugen

Ballaststoffe verlangsamen die Aufnahme von Zucker ins Blut und halten den Blutzucker stabil. Sie fördern zudem die Verdauung und sorgen für ein langanhaltendes Sättigungsgefühl.

- Gute Quellen sind: Vollkornprodukte, Gemüse, Hülsenfrüchte, Nüsse und Samen.

3. Proteinreiche Mahlzeiten einbauen

Proteine haben einen geringen Einfluss auf den Blutzucker und helfen dabei, den Appetit zu regulieren.

- Empfehlenswerte Proteinquellen: Fisch, Geflügel, Eier, fettarme Milchprodukte, Tofu und Hülsenfrüchte.

4. Gesunde Fette integrieren

Fette verlangsamen die Verdauung und sorgen dafür, dass Kohlenhydrate langsamer in Glukose umgewandelt werden.

- Gesunde Fettquellen sind: Avocados, Olivenöl, Nüsse, Samen und fetter Fisch (z. B. Lachs).
- Vermeiden sollte man Transfette aus stark verarbeiteten Lebensmitteln.

5. Zucker und stark verarbeitete Lebensmittel reduzieren

Industriell verarbeitete Lebensmittel enthalten oft versteckten Zucker und einfache Kohlenhydrate, die den Blutzuckerspiegel schnell in die Höhe treiben.

- Versteckter Zucker ist oft in Säften, Softdrinks, Fertigsoßen und Gebäck enthalten.
- Natürliche Alternativen sind Obst in Maßen, dunkle Schokolade (ab 85 % Kakaoanteil) oder zuckerfreie Alternativen wie Erythrit oder Xylit.

6. Regelmäßige Mahlzeiten essen

Lange Essenspausen oder unregelmäßige Mahlzeiten können zu starken Blutzuckerschwankungen führen.

- Empfehlenswert sind drei Hauptmahlzeiten und ein bis zwei gesunde Snacks pro Tag, um den Blutzucker konstant zu halten.

7. Genügend trinken

Wasser spielt eine wichtige Rolle bei der Regulierung des Blutzuckers.

1. **Zuckerfreie Getränke wie Wasser, ungesüßter Tee oder selbstgemachte Infused Water-Varianten sind ideal.**
2. **Stark gezuckerte Getränke wie Softdrinks oder gesüßte Kaffeegetränke sollten vermieden werden.**
3. **Bewegung in den Alltag integrieren**

Auch wenn es kein direktes Ernährungsprinzip ist, spielt Bewegung eine wichtige Rolle bei der Blutzuckerregulation.

- Bereits 30 Minuten moderate Bewegung am Tag (z. B. Spazierengehen, Radfahren oder Krafttraining) kann helfen, die Insulinsensitivität zu verbessern und den Blutzucker zu stabilisieren.

Fazit:

Eine blutzuckerfreundliche Ernährung basiert auf der Kombination aus komplexen Kohlenhydraten, ausreichend Ballaststoffen, Proteinen und gesunden Fetten. Regelmäßige Mahlzeiten und ein bewusster Verzicht auf Zucker und stark verarbeitete Lebensmittel helfen dabei, den Blutzucker stabil zu halten und langfristig gesund zu bleiben. In Kombination mit Bewegung kann dies das Risiko für Blutzuckerprobleme erheblich senken und das allgemeine Wohlbefinden steigern.

Kapitel 3: Lebensmittel für einen stabilen Blutzucker

- Gesunde Kohlenhydrate: Vollkorn, Hülsenfrüchte und Gemüse
- Gesunde Fette: Nüsse, Samen und hochwertige Öle
- Proteine als Blutzuckerstabilisatoren
- Superfoods für einen stabilen Blutzuckerspiegel

Lebensmittel für einen stabilen Blutzucker

Dieses Kapitel listet gezielt Lebensmittel auf, die helfen, den Blutzuckerspiegel konstant zu halten. Dazu gehören komplexe Kohlenhydrate wie Vollkornprodukte und Hülsenfrüchte, gesunde Fette aus Nüssen, Samen und hochwertigen Ölen sowie Proteine als natürliche Blutzuckerstabilisatoren. Ergänzend werden Superfoods beschrieben, die sich positiv auf die Insulinsensitivität auswirken können.

Lebensmitteln, die den Blutzuckerspiegel kaum oder gar nicht anheben:

Fleisch, Fisch, Gemüse und Getränke

1. **Fleisch & Fisch (keine Kohlenhydrate)**
   a. Huhn, Rind, Schwein, Lamm
   b. Fisch (Lachs, Forelle, Kabeljau, Thunfisch)
   c. Meeresfrüchte (Garnelen, Muscheln)
2. **Eier & Milchprodukte**
   a. Eier (reich an Eiweiß und gesunden Fetten)
   b. Käse (z. B. Gouda, Cheddar, Mozzarella)
   c. Naturjoghurt (in Maßen, besser griechischer Joghurt)
   d. Sahne
3. **Gesunde Fette & Öle**
   a. Olivenöl, Kokosöl, Avocadoöl
   b. Butter
   c. Nüsse (Mandeln, Walnüsse, Macadamia – Achtung bei Cashews, da sie mehr Kohlenhydrate enthalten)
   d. Avocado
4. **Gemüse (kohlenhydratarm, ballaststoffreich)**
   a. Blattgemüse (Spinat, Grünkohl, Salat)
   b. Brokkoli, Blumenkohl, Zucchini
   c. Paprika, Tomaten (in Maßen)
   d. Pilze

        e. Gurken
5. **Getränke (ohne Zucker und Kohlenhydrate)**
        a. Wasser
        b. Ungesüßter Tee (Grüntee, Kräutertee)
        c. Schwarzer Kaffee (ohne Zucker oder Milch)

Diese Lebensmittel helfen dabei, den Blutzuckerspiegel stabil zu halten und sind besonders für Diabetiker oder Menschen mit Insulinresistenz geeignet.

Obst

Die meisten Obstsorten enthalten Fruchtzucker (Fruktose), der den Blutzuckerspiegel beeinflussen kann. Allerdings gibt es einige Obstsorten, die aufgrund ihres niedrigen glykämischen Indexes (GI) und ihres hohen Ballaststoffgehalts den Blutzuckerspiegel nur minimal ansteigen lassen. Obst mit minimalem Einfluss auf den Blutzuckerspiegel:

1. **Beeren:**
    a. Himbeeren (sehr ballaststoffreich)
    b. Brombeeren
    c. Erdbeeren
    d. Heidelbeeren (in Maßen)
    e. Avocado (ja, Avocado ist eine Frucht!) Sehr fettreich, kaum Kohlenhydrate, kein Blutzuckeranstieg
    f. Oliven - Enthalten gesunde Fette, kaum Zucker
    g. Zitronen & Limetten - Fast kein Fruchtzucker, dafür Vitamin C
    h. Kokosnuss (frisch, nicht gesüßt) - Viel Fett und Ballaststoffe, niedriger Blutzuckeranstieg

2. Obst in kleinen Mengen (niedriger bis mittlerer GI):
   a. Grüner Apfel (weniger Zucker als rote Sorten)
   b. Unreife Papaya (reifen lassen → höherer Zuckergehalt)
   c. Pfirsich & Aprikose (aber in Maßen)
   d. Kirschen (niedriger GI, aber nicht in großen Mengen)

Wenn du auf einen stabilen Blutzuckerspiegel achtest, solltest du besonders reife, süße Früchte wie Bananen, Trauben und Mangos meiden, da sie viel Fruchtzucker enthalten.

Tipp: Kombiniere Obst immer mit gesunden Fetten oder Eiweiß (z. B. Beeren mit griechischem Joghurt oder Nüssen), um den Blutzuckeranstieg weiter zu verlangsamen.

- Bewegung und Sport als natürliche Blutzuckerregulatoren
- Schlaf und Stressmanagement
- Die Bedeutung von regelmäßigen Mahlzeiten

Lebensstil und Blutzuckermanagement

Neben der Ernährung spielen weitere Faktoren eine entscheidende Rolle für den Blutzucker. Dieses Kapitel beschreibt, wie regelmäßige Bewegung, gezieltes Stressmanagement und ausreichend Schlaf dabei helfen können, den Blutzuckerspiegel zu regulieren. Auch wird erläutert, warum feste Mahlzeitenstrukturen wichtig sind und wie der Körper auf Fastenphasen reagiert.

Bewegung und Sport als natürliche Blutzuckerregulatoren

Bewegung und Sport spielen eine entscheidende Rolle bei der Regulierung des Blutzuckerspiegels und sind natürliche Methoden, um den Glukosehaushalt im Körper auszugleichen. Dies geschieht durch mehrere physiologische Mechanismen:

1. Erhöhte Insulinsensitivität

Regelmäßige körperliche Aktivität verbessert die Fähigkeit der Zellen, auf Insulin zu reagieren. Dadurch kann der Körper Glukose effizienter aus dem Blut aufnehmen und verwerten, wodurch der Blutzuckerspiegel sinkt.

2. Direkter Glukoseverbrauch in den Muskeln

Während körperlicher Aktivität benötigen die Muskeln Energie. Sie greifen dabei direkt auf gespeicherte Glukose (Glykogen) zurück oder nehmen Zucker aus dem Blut auf, um ihn als Energiequelle zu nutzen. Das senkt den Blutzuckerspiegel unmittelbar.

3. Reduzierte Glukoseproduktion in der Leber

Sport verringert die Freisetzung von Glukose aus der Leber, da der Körper durch die Muskelaktivität bereits ausreichend Glukose verwertet. Dies hilft, den Blutzucker stabil zu halten.

4. Langfristige Stabilisierung des Blutzuckers

Durch regelmäßige Bewegung können Blutzuckerschwankungen reduziert werden. Besonders Ausdauersportarten wie Laufen, Schwimmen oder Radfahren helfen, die Glukosewerte konstant zu halten.

5. Gewichtsmanagement und Fettverbrennung

Übergewicht und insbesondere viszerales Fettgewebe verringern die Insulinempfindlichkeit. Bewegung fördert die Fettverbrennung und trägt damit zu einer verbesserten Blutzuckerkontrolle bei.

Fazit:

Sport und Bewegung sind natürliche und effektive Wege, um den Blutzucker zu regulieren. Besonders für Menschen mit Insulinresistenz oder Diabetes sind sie essenziell, um langfristig die Stoffwechselgesundheit zu unterstützen.

Kapitel 5: Ernährung bei Insulinresistenz und Diabetes

- Prävention und Ernährungstipps
- Welche Lebensmittel helfen bei Insulinresistenz?
- Blutzucker messen und verstehen

Ernährung bei Insulinresistenz und Diabetes

Hier wird speziell auf Menschen mit Insulinresistenz oder Diabetes eingegangen. Das Kapitel enthält präventive Maßnahmen sowie gezielte Ernährungstipps, die helfen können, die Insulinsensitivität zu verbessern. Es wird erklärt, welche Lebensmittel besonders hilfreich oder schädlich sind und wie man den Blutzucker richtig misst und interpretiert.

Bei Insulinresistenz und Diabetes ist eine ausgewogene Ernährung entscheidend, um den Blutzuckerspiegel zu stabilisieren und langfristige Komplikationen zu vermeiden. Hier sind einige wichtige Punkte, auf die geachtet werden sollte:

Kohlenhydrate richtig wählen und portionieren

- Komplexe Kohlenhydrate bevorzugen: Vollkornprodukte (wie Vollkornbrot, -reis und -pasta), Hülsenfrüchte, Gemüse und stärkehaltige Pflanzen wie Süßkartoffeln haben einen niedrigen glykämischen Index und lassen den Blutzucker langsamer ansteigen.
- Vermeidung von Zucker und raffinierten Kohlenhydraten: Lebensmittel wie Weißbrot, Gebäck, zuckerhaltige Getränke und Süßigkeiten können zu schnellen Blutzuckerspitzen führen. Diese sollten nur in Maßen konsumiert werden.
- Portionsgröße kontrollieren: Auch gesunde Kohlenhydrate sollten in Maßen gegessen werden, um eine übermäßige Zuckeraufnahme zu vermeiden. Eine gleichmäßige Verteilung der Kohlenhydrate über den Tag hilft, den Blutzucker stabil zu halten.

Proteinreiche Lebensmittel integrieren

- Eiweiße aus magerem Fleisch, Fisch, Eiern oder pflanzlichen Quellen: Proteinreiche Lebensmittel können helfen, den Blutzuckerspiegel zu stabilisieren, indem sie den Abbau von Kohlenhydraten verlangsamen und die Insulinempfindlichkeit verbessern.

- Fettarme Proteine bevorzugen: Mageres Fleisch, Geflügel ohne Haut und pflanzliche Eiweiße wie Tofu oder Tempeh sind besonders vorteilhaft.

Gesunde Fette konsumieren

- Ungesättigte Fette aus pflanzlichen Quellen: Avocados, Nüsse, Samen und Olivenöl sind reich an gesunden Fettsäuren, die helfen können, Entzündungen zu reduzieren und die Insulinempfindlichkeit zu verbessern.
- Vermeidung von gesättigten Fetten und Transfetten: Diese sind in fettreichen Milchprodukten, rotem Fleisch, Fast Food und Fertigprodukten enthalten und können die Insulinresistenz verschlechtern.

Ballaststoffe aufnehmen

- Ballaststoffreiche Lebensmittel wie Vollkornprodukte, Gemüse, Obst und Hülsenfrüchte: Sie verlangsamen die Verdauung und den Anstieg des Blutzuckerspiegels, was zu einer besseren Blutzuckerkontrolle beiträgt. Ballaststoffe können auch helfen, das Sättigungsgefühl zu steigern und das Körpergewicht zu kontrollieren.

Frische und unverarbeitete Lebensmittel bevorzugen

- Frisches Gemüse und Obst: Diese liefern essenzielle Nährstoffe, Antioxidantien und Ballaststoffe. Bei Obst sollte jedoch darauf geachtet werden, nicht zu viel zuckerhaltiges Obst (z. B. Trauben, Bananen) zu essen und die Portionsgrößen zu überwachen.
- Vermeidung von stark verarbeiteten Lebensmitteln: Diese enthalten oft versteckten Zucker, ungesunde Fette und wenig Nährstoffe.

Regelmäßige Mahlzeiten und Snacks

- Gleichmäßige Mahlzeitenverteilung: Der Blutzuckerspiegel bleibt stabiler, wenn man den Tag mit drei Hauptmahlzeiten und 1-2 Snacks über den Tag verteilt plant.
- Zwischenmahlzeiten ausbalancieren: Gesunde Snacks wie eine Handvoll Nüsse, ein Stück Gemüse oder ein kleines Stück Obst können helfen, den Blutzucker stabil zu halten.

Flüssigkeitsaufnahme beachten

- Wasser und ungesüßte Getränke bevorzugen: Zuckerhaltige Getränke erhöhen den Blutzucker schnell. Wasser, ungesüßter Tee oder verdünnte Fruchtsäfte ohne Zuckerzusatz sind bessere Alternativen.

Alkohol in Maßen

- Alkohol kann den Blutzucker sowohl erhöhen als auch senken, insbesondere in Kombination mit zuckerhaltigen Mixgetränken. Wenn Alkohol konsumiert wird, sollte dies in Maßen geschehen und mit einer Mahlzeit.

Individuelle Reaktionen beobachten

- Jeder Mensch reagiert unterschiedlich auf verschiedene Lebensmittel. Es kann hilfreich sein, ein Ernährungstagebuch zu führen, um herauszufinden, welche Nahrungsmittel den Blutzucker beeinflussen.

Mahlzeiten regelmäßig und ausgewogen gestalten

- Beispiel für eine ausgewogene Mahlzeit: Ein Stück gegrilltes Hähnchen (Protein), ein grüner Salat mit Olivenöl (gesunde Fette) und eine Portion Quinoa oder Süßkartoffeln (komplexe Kohlenhydrate und Ballaststoffe) sorgen für eine ausgewogene Mahlzeit, die den Blutzucker stabil hält.

Fazit:

Eine gezielte Ernährung, die auf die Bedürfnisse von Menschen mit Insulinresistenz und Diabetes abgestimmt ist, kann dabei helfen, den Blutzuckerspiegel zu kontrollieren und das Risiko für langfristige Komplikationen zu minimieren. Es ist wichtig, den Fokus auf gesunde, nährstoffreiche Lebensmittel zu legen und sich bewusst mit der Auswahl und Menge der konsumierten Lebensmittel auseinanderzusetzen.

- Sind Kohlenhydrate wirklich schlecht?
- Ist intermittierendes Fasten hilfreich?
- Zuckerersatzstoffe: Fluch oder Segen?

Mythen und Fakten über Blutzucker und Ernährung

Es gibt viele Mythen über Blutzucker und Ernährung. Dieses Kapitel klärt wissenschaftlich fundiert über verbreitete Missverständnisse auf. Es beantwortet Fragen wie: Sind Kohlenhydrate generell schlecht? Ist intermittierendes Fasten eine sinnvolle Methode zur Blutzuckerregulation? Und wie wirken sich Zuckerersatzstoffe wirklich auf den Körper aus?

Sind Kohlenhydrate generell schlecht?

Kohlenhydrate sind nicht grundsätzlich schlecht – sie sind tatsächlich eine der wichtigsten Energiequellen für den Körper. Der entscheidende Faktor ist, welche Art von Kohlenhydraten konsumiert wird und in welchem Maß. Es gibt zwei Haupttypen von Kohlenhydraten: einfache und komplexe Kohlenhydrate, die sich in ihrer Wirkung auf den Blutzuckerspiegel unterscheiden.

1. **Einfache Kohlenhydrate (raffinierte Zucker und verarbeitete Lebensmittel)**

- Diese Kohlenhydrate, die in zuckerhaltigen Lebensmitteln wie Süßigkeiten, Limonade, Kuchen, Gebäck und weißem Brot vorkommen, werden schnell im Körper abgebaut und führen zu einem schnellen Anstieg des Blutzuckerspiegels.
- Eine übermäßige Aufnahme von einfachen Kohlenhydraten kann zu Blutzuckerspitzen führen und die Insulinempfindlichkeit verschlechtern, was langfristig zu Insulinresistenz und Diabetes beitragen kann.

2. **Komplexe Kohlenhydrate (unverarbeitet oder wenig verarbeitet)**

- Diese Kohlenhydrate kommen in Vollkornprodukten (wie Vollkornbrot, -reis, -pasta), Hülsenfrüchten (wie Bohnen, Linsen), Gemüse und stärkehaltigen Pflanzen (wie Süßkartoffeln) vor.
- Sie werden langsamer verdaut und führen zu einem gleichmäßigeren Anstieg des Blutzuckers, was eine stabilere Energieversorgung und bessere Blutzuckerkontrolle ermöglicht.
- Komplexe Kohlenhydrate enthalten auch wichtige Ballaststoffe, die die Verdauung fördern und das Sättigungsgefühl verstärken, was zur Gewichtsregulation beiträgt.

3. Glykämischer Index (GI)

- Der Glykämische Index (GI) misst, wie schnell ein Lebensmittel den Blutzucker ansteigen lässt. Lebensmittel mit niedrigem GI (z. B. Haferflocken, Vollkornprodukte) sorgen für eine langsamere Zuckerfreisetzung, während Lebensmittel mit hohem GI (z. B. Zucker, Weißbrot) den Blutzucker schnell erhöhen.
- Es ist sinnvoll, Kohlenhydrate mit einem niedrigen GI zu bevorzugen, um den Blutzuckerspiegel stabil zu halten.

4. Kohlenhydrate in einer ausgewogenen Ernährung

- Nicht alle Kohlenhydrate sind schlecht. Es geht darum, die richtigen Kohlenhydrate in den richtigen Mengenzu wählen. Eine Ernährung, die reich an gesunden, komplexen Kohlenhydraten ist, kann sogar dazu beitragen, den Blutzuckerspiegel zu regulieren und das Risiko von Diabetes und Herzerkrankungen zu senken.
- Bei Menschen mit Insulinresistenz oder Diabetes ist es besonders wichtig, den Konsum von raffinierten Zuckerarten und verarbeiteten Lebensmitteln zu reduzieren und stattdessen auf Vollwertkost und ballaststoffreiche Lebensmittel zu setzen.

Fazit:

Kohlenhydrate sind ein essenzieller Bestandteil einer gesunden Ernährung, aber die Art der Kohlenhydrate ist entscheidend. Komplexe Kohlenhydrate aus natürlichen, unverarbeiteten Quellen sind die gesündere Wahl. Ein übermäßiger Konsum von einfachen, raffinierten Kohlenhydraten sollte jedoch vermieden werden, um den Blutzuckerspiegel im Gleichgewicht zu halten.

Ist intermittierendes Fasten eine sinnvolle Methode zur Blutzucker-regulation?

Ja, intermittierendes Fasten (IF) kann eine sinnvolle Methode zur Blutzuckerregulation sein, insbesondere bei Menschen mit Insulinresistenz oder Diabetes Typ 2. Es gibt immer mehr wissenschaftliche Hinweise darauf, dass intermittierendes Fasten viele gesundheitliche Vorteile hat, darunter auch die Verbesserung der Blutzuckerkontrolle. Hier sind einige der Gründe, warum IF bei der Blutzuckerregulation hilfreich sein kann:

1. **Verbesserte Insulinsensitivität**

- Insulinresistenz bedeutet, dass die Zellen im Körper nicht mehr so gut auf Insulin reagieren, was zu hohen Blutzuckerwerten führt. Intermittierendes Fasten kann die Insulinsensitivität verbessern, was bedeutet, dass der Körper Insulin effizienter nutzt. Dies trägt dazu bei, dass der Blutzucker stabiler bleibt und weniger Insulin benötigt wird, um den Blutzuckerspiegel zu regulieren.

2. **Reduzierung des Blutzuckerspiegels**

- Beim Fasten hat der Körper weniger Zugang zu Nahrungsquellen, und der Blutzuckerspiegel sinkt. Einige Studien haben gezeigt, dass intermittierendes Fasten den nüchternen Blutzuckerspiegel (also den Blutzucker nach einer Fastenperiode) senken kann. Dies kann besonders bei Diabetes Typ 2 von Vorteil sein.

3. Förderung der Fettverbrennung

- Während der Fastenperioden greift der Körper auf gespeicherte Fettreserven zurück, was zu einer Fettverbrennung führt. Weniger Körperfett, insbesondere viszerales Fett (das um die Organe liegt), ist mit einer besseren Insulinempfindlichkeit und einer besseren Blutzuckerregulation verbunden.

4. Verminderte Entzündungen

- Chronische Entzündungen sind ein wichtiger Faktor bei Insulinresistenz und Diabetes. Einige Studien legen nahe, dass intermittierendes Fasten helfen kann, entzündungsfördernde Marker zu senken, was wiederum zu einer besseren Blutzuckerkontrolle beitragen kann.

5. Bessere Zellregeneration

- Intermittierendes Fasten kann die Prozesse der Autophagie anregen, bei denen der Körper alte und beschädigte Zellen abbaut und ersetzt. Dies kann zur allgemeinen Gesundheit der Zellen und insbesondere der Insulin-produzierenden Zellen in der Bauchspeicheldrüse beitragen.

6. Gewichtsreduktion und Blutzuckermanagement

- Intermittierendes Fasten führt oft zu einer Gewichtsreduktion, was für Menschen mit Insulinresistenz oder Diabetes von großem Nutzen sein kann. Weniger Körpergewicht bedeutet weniger Belastung für die Insulinregulation des Körpers und führt häufig zu besseren Blutzuckerwerten.

7. Reduzierung von Blutzuckerspitzen nach den Mahlzeiten

- Fasten kann helfen, Blutzuckerspitzen nach den Mahlzeiten zu verringern. Wenn zum Beispiel ein 8-Stunden-Fenster für das Essen eingehalten wird (z. B. 12-20 Uhr), kann dies den Körper unterstützen, den Zucker aus den Mahlzeiten effizienter zu verarbeiten.

Wichtige Hinweise:

- Langsame Einführung: Wenn du gerade erst mit intermittierendem Fasten beginnst, ist es sinnvoll, die Fastenperioden langsam zu erhöhen und auf deinen Körper zu hören.
- Medikamenteneinnahme: Menschen, die Medikamente zur Blutzuckerregulation einnehmen (insbesondere Insulin), sollten mit ihrem Arzt sprechen, bevor sie mit intermittierendem Fasten beginnen. Das Fasten kann zu unvorhersehbaren Blutzuckerschwankungen führen.
- Achte auf nährstoffreiche Mahlzeiten: Wenn du isst, ist es wichtig, dass du nährstoffreiche, ausgewogene Mahlzeiten zu dir nimmst, um eine stabile Blutzuckerregulation zu unterstützen. Dies bedeutet viel Gemüse, gesunde Fette, hochwertige Proteine und komplexe Kohlenhydrate.

Fazit:

Intermittierendes Fasten kann eine wirksame Strategie zur Blutzucker-regulation sein, da es Insulinempfindlichkeit fördert, den Blutzuckerspie-gel senken kann und positive Auswirkungen auf das Körpergewicht und die Entzündung hat. Es sollte jedoch individuell angepasst und unter ärztlicher Aufsicht durchgeführt werden, insbesondere für Menschen mit Diabetes oder anderen gesundheitlichen Bedingungen.

Wie wirken sich Zuckerersatzstoffe wirklich auf den Körper aus?

Zuckerersatzstoffe (auch Süßstoffe genannt) werden häufig als gesündere Alternativen zu Zucker verwendet, um den Geschmack zu verbessern, ohne den Blutzucker zu beeinflussen. Die Auswirkungen von Zuckerersatzstoffen auf den Körper sind jedoch ein komplexes Thema, und es gibt unterschiedliche Ergebnisse in der Forschung. Hier sind einige der wichtigsten Faktoren und Wirkungen von Zuckerersatzstoffen:

1. Blutzucker und Insulin

- Künstliche Süßstoffe wie Aspartam, Sucralose oder Saccharin haben in der Regel keine direkten Auswirkungen auf den Blutzuckerspiegel oder die Insulinausschüttung, weil sie keine nennenswerten Kalorien oder Zucker liefern. Sie sind nicht glykämisch, was bedeutet, dass sie den Blutzuckerspiegel nicht direkt erhöhen.
- Bei Zucker-alkoholen wie Xylit oder Erythrit verhält es sich anders. Sie haben einen geringeren glykämischen Index als Zucker und können den Blutzuckerspiegel in sehr geringem Maße beeinflussen, aber in der Regel viel weniger als normaler Zucker.

2. Appetit und Heißhunger

- Künstliche Süßstoffe könnten das Hungerzentrum im Gehirn beeinflussen. Einige Studien legen nahe, dass der Geschmack von Süßem den Appetit anregen kann, auch wenn kein Zucker konsumiert wird. Dies könnte zu einem verstärkten Verlangen nach süßen Lebensmitteln oder einer übermäßigen Kalorienaufnahme führen, was langfristig das Risiko für Übergewicht oder eine gestörte Stoffwechselregulation erhöhen könnte.
- Andere Untersuchungen deuten darauf hin, dass bestimmte Zuckerersatzstoffe wie Stevia oder Erythrit nicht den gleichen Heißhunger auslösen wie Zucker. Stevia hat den Vorteil, dass es aus natürlichen Quellen stammt und weniger Einfluss auf den Appetit hat.

3. Einfluss auf die Darmmikrobiota

- Es gibt Hinweise darauf, dass einige künstliche Süßstoffe die Darmbakterienflora negativ beeinflussen können. Eine gestörte Mikrobiota ist mit einer Reihe von Gesundheitsproblemen verbunden, darunter Gewichtszunahme, Insulinresistenz und entzündliche Erkrankungen. Einige Studien zeigen, dass Süßstoffe wie Aspartam und Sucralose das Wachstum bestimmter Bakterien im Darm fördern könnten, was das Gleichgewicht der Mikrobiota stören kann.
- Zuckeralkohole wie Xylit und Erythrit scheinen weniger problematisch zu sein, obwohl sie bei einigen Menschen Blähungen und Magenbeschwerden verursachen können.

4. Langfristige Gesundheitseffekte

- Die langfristigen Auswirkungen von Zuckerersatzstoffen auf die Gesundheit sind noch nicht vollständig geklärt. Einige Studien haben einen möglichen Zusammenhang zwischen dem Konsum von Süßstoffen und einem erhöhten Risiko für Fettleibigkeit, metabolisches Syndrom und Herz-Kreislauf-Erkrankungen gezeigt, aber die Forschung ist hier noch nicht eindeutig aussagekräftig.
- Aspartam und Sucralose wurden in vielen Studien als sicher eingestuft, wenn sie in moderaten Mengen konsumiert werden. Die Lebensmittelbehörden wie die EFSA und die FDA haben diese

Süßstoffe als unbedenklich für den regelmäßigen Gebrauch zugelassen.

5. Psychologische Auswirkungen

- Einige Menschen erleben durch den Konsum von Zuckerersatzstoffen ein gewisses mentales "Grünlicht", das ihnen erlaubt, mehr kalorienreiche Lebensmittel zu konsumieren, weil sie glauben, dass der Süßstoff "den Kalorienüberschuss ausgleicht". Dies kann zu einem Fehlverhalten bei der Ernährung führen, bei dem die Vorteile des Verzichts auf Zucker teilweise zunichtegemacht werden.

6. Natürliche vs. künstliche Süßstoffe

- Natürliche Süßstoffe wie Stevia und Mönchsfrucht werden aus Pflanzen extrahiert und gelten im Allgemeinen als weniger problematisch. Sie haben einen geringen Einfluss auf den Blutzucker und sind kalorienfrei, was sie zu einer bevorzugten Wahl für Menschen mit Diabetes macht.
- Künstliche Süßstoffe wie Aspartam, Saccharin und Acesulfam-K sind synthetische Substanzen, die intensiver süßen als Zucker. Sie werden häufig in zuckerfreien Getränken, Diätprodukten und Kaugummis verwendet. Die langfristige Sicherheit dieser

Süßstoffe ist gut untersucht, aber es gibt immer noch gewisse Bedenken in Bezug auf mögliche neurotoxische oder krebserregende Effekte bei übermäßigem Konsum, obwohl die aktuellen Studien diese Risiken nicht eindeutig bestätigen.

7. Kaloriengehalt und Gewichtskontrolle

- Einige Zuckerersatzstoffe, wie Stevia und Erythrit, sind kalorienfrei und können bei der Gewichtskontrolle und der Reduzierung des Zuckerkonsums hilfreich sein.
- Andere Zucker-alkohole wie Xylit enthalten wenige Kalorien, können aber auch Blähungen und Magenbeschwerden verursachen, wenn sie in größeren Mengen konsumiert werden.

Fazit:

Zuckerersatzstoffe können eine nützliche Alternative für Menschen sein, die ihren Zuckerkonsum reduzieren oder den Blutzucker stabilisieren möchten, insbesondere für Diabetiker oder Menschen mit Insulinresistenz. Ihre Wirkung auf den Körper hängt jedoch von der Art des Süßstoffs ab, sowie von der individuellen Reaktion des Körpers. In Maßen konsumiert, sind viele Zuckerersatzstoffe allgemein als sicher angesehen, aber es ist ratsam, auf natürliche Süßstoffe wie Stevia oder Mönchsfrucht zurückzugreifen, um potenzielle negative Auswirkungen zu minimieren. Langfristige Studien sind weiterhin notwendig, um die Auswirkungen auf die Gesundheit vollständig zu verstehen.

Ein stabiler Blutzuckerspiegel ist der Schlüssel zu mehr Energie, besserer Konzentration und langfristiger Gesundheit. Mit der richtigen Ernährung und einem bewussten Lebensstil können Sie aktiv dazu beitragen, Ihre Gesundheit zu fördern und Krankheiten vorzubeugen.

Die Ernährungsampel

Die Vital Kitchen Ernährungsampel wurde erstellt, um Zell- freundliche von Zell- unfreundliche Lebensmittel unterscheiden zu können.

Grün aufgelistete Lebensmittel erhöhen den Blutzuckerspiegel nur gering oder gar nicht.

Gelb aufgelistete Lebensmittel gelten als gesund, jedoch erhöhen diese den Blutzuckerspiegel ein wenig

Rot gelistete Lebensmittel sind dem Erhöhen des Blutzuckerspiegels sehr zuträglich und somit eher zu meiden.

1. Eiweißreiche Lebensmittel

- ✅ Eier
- ✅ Fisch (Lachs, Thunfisch, Makrele)
- ✅ Fleisch (Huhn, Rind, Lamm, Pute)
- ✅ Tofu und Tempeh
- ✅ Käse (z. B. Cheddar, Gouda, Mozzarella)
- ✅ Naturjoghurt (ungesüßt)

2. Gesunde Fette & Öle

- ✅ Avocados
- ✅ Oliven & Olivenöl
- ✅ Nüsse (Mandeln, Walnüsse, Macadamia)
- ✅ Samen (Chia, Leinsamen, Kürbiskerne)
- ✅ Kokosöl & MCT-Öl
- ✅ Butter & Ghee

☑ Blattgemüse (Spinat, Grünkohl, Salat)
☑ Brokkoli & Blumenkohl
☑ Zucchini
☑ Gurken
☑ Paprika
☑ Spargel
☑ Pilze

4. Getränke ohne Blutzuckerwirkung

☑ Wasser
☑ Ungesüßter Tee (Grüntee, Kräutertee)
☑ Schwarzer Kaffee (ohne Zucker)
☑ Knochenbrühe

MKH © 2025

5. Weitere blutzuckerfreundliche Lebensmittel

☑ Dunkle Schokolade (mind. 85 % Kakao, ohne Zuckerzusatz)
☑ Kokosmilch (ungesüßt)
☑ Natürliche Süßstoffe wie Erythrit oder Stevia

Diese Lebensmittel sind ideal für eine **blutzuckerfreundliche Ernährung**, besonders für Menschen mit **Diabetes, Insulinresistenz oder eine Low-Carb-/Ketogene Ernährung**.

1. Vollkornprodukte & ballaststoffreiche Kohlenhydrate

- Haferflocken (am besten grobe oder Stahl-geschnittene)
- Quinoa
- Vollkornreis (Basmati, Naturreis)
- Vollkornbrot (echtes Sauerteigbrot)
- Hülsenfrüchte (Linsen, Kichererbsen, schwarze Bohnen)
- Süßkartoffeln (in Maßen)

2. Bestimmte Obstsorten (niedriger bis mittlerer GI)

- Beeren (Erdbeeren, Himbeeren, Blaubeeren)
- Äpfel (vorzugsweise mit Schale)
- Birnen
- Pfirsiche
- Kirschen
- Orangen & Grapefruits

3. Milchprodukte (moderater Einfluss auf den Blutzucker)

- Naturjoghurt (ungesüßt)
- Griechischer Joghurt

- ✓ Hüttenkäse
- ✓ Mandel- oder Kokosmilch (ungesüßt)

4. Nüsse & Samen (enthält einige Kohlenhydrate, aber langsam verdaulich)

- ✓ Cashewkerne
- ✓ Pistazien
- ✓ Kürbiskerne
- ✓ Sonnenblumenkerne

5. Schokolade & Snacks (moderater Blutzuckeranstieg, wenn wenig Zucker enthalten ist)

- ✓ Dunkle Schokolade (mind. 70–85 % Kakao)
- ✓ Proteinriegel ohne Zuckerzusatz
- ✓ Selbstgemachte Müsliriegel mit Nüssen und Samen

Diese Lebensmittel können den **Blutzucker leicht ansteigen lassen, aber langsamer und gleichmäßiger**, was sie zu einer guten Wahl für eine **stabile Energieversorgung und Vermeidung von Blutzucker- spitzen** macht.

1. Zuckerhaltige Lebensmittel & Süßigkeiten

✗ Haushaltszucker & Rohrzucker
✗ Honig & Ahornsirup
✗ Fruchtsäfte (auch 100 % Fruchtsaft)
✗ Limonaden & Softdrinks
✗ Gummibärchen, Bonbons, Schokolade mit Zucker
✗ Kuchen, Kekse & Gebäck
✗ Eiscreme (mit Zucker)
✗ Marmelade & gezuckerte Brotaufstriche

2. Weißmehlprodukte & raffinierte Kohlenhydrate

✗ Weißbrot & Toastbrot
✗ Baguette
✗ Croissants & Blätterteig
✗ Cornflakes & gezuckerte Frühstücksflocken
✗ Weizenmehlprodukte (Pizza, helle Nudeln)

3. Kartoffeln & stärkehaltige Lebensmittel

✖ Weiße Kartoffeln (besonders Kartoffelpüree)
✖ Pommes & Chips
✖ Weißer Reis
✖ Instant- oder Schnellkochreis
✖ Mais & Maisprodukte (Popcorn, Cornflakes, Nachos)

4. Süßes Obst mit hohem Zuckeranteil

✖ Wassermelone
✖ Ananas
✖ Bananen (besonders reife)
✖ Trauben
✖ Mangos
✖ Datteln & Rosinen

✖ Aromatisierte Joghurts (Fruchtjoghurt, Vanillejoghurt)
✖ Gesüßte Milchdrinks & Kakaogetränke

Diese Lebensmittel führen zu **starken Blutzuckerspitzen**, was bei häufiger Aufnahme das **Risiko für Insulinresistenz, Diabetes und Heißhungerattacken** erhöhen kann.

Gebratene Zucchini-Puffer

✅ Knusprig & ideal als Beilage oder Snack

Vital Kitchen - gesund kochen, bewusst genießen

Zutaten:

- 1 Zucchini (gerieben)
- 2 Eier
- 2 EL gemahlene Mandeln oder Kokosmehl
- 1 TL Kräuter (z. B. Thymian, Oregano)
- Salz & Pfeffer
- 1 EL Kokosöl zum Braten

Zubereitung:

1. Geriebene Zucchini mit Salz bestreuen, Wasser ausdrücken.
2. Mit den restlichen Zutaten vermengen und in einer Pfanne mit Kokosöl goldbraun braten.

Auberginen-Röllchen mit Zucchini & Ricotta

✅ Leicht & ideal für eine gesunde Ernährung

Vital Kitchen - gesund kochen, bewusst genießen

Zutaten:

- 1 Aubergine (in dünne Scheiben geschnitten)
- ½ Zucchini (geraspelt)
- 100 g Ricotta oder Ziegenkäse
- 1 Knoblauchzehe (gehackt)
- 1 TL Olivenöl
- Salz & Pfeffer
- 1 TL frische Kräuter (z. B. Basilikum oder Thymian)

Zubereitung:

1. Auberginenscheiben grillen oder anbraten.
2. Zucchini mit Ricotta, Knoblauch & Gewürzen vermengen.
3. Die Masse auf die Auberginen streichen, einrollen & mit Kräutern servieren.

Avocado-Ei-Salat (Perfekt für Frühstück oder als Snack)

✅ Reich an gesunden Fetten und Proteinen für stabile Energie

Vital Kitchen - gesund kochen, bewusst genießen

Zutaten:

- 2 hartgekochte Eier
- 1 reife Avocado
- 1 EL Zitronensaft
- 1 TL Senf
- 1 EL Olivenöl
- Salz, Pfeffer nach Geschmack
- 1 EL gehackte Kräuter (z. B. Petersilie oder Schnittlauch)

Zubereitung:

1. Die Eier schälen und würfeln.
2. Avocado halbieren, entkernen und mit einer Gabel zerdrücken.
3. Zitronensaft, Senf, Olivenöl, Salz und Pfeffer hinzufügen.
4. Eier und Kräuter unterheben und genießen!

Tomaten-Zucchini-Salat mit Feta & Oliven

✅ Ein mediterraner Salat voller Nährstoffe

Zutaten:

- 1 Zucchini (in dünne Scheiben geschnitten)
- 2 Tomaten (gewürfelt)
- 50 g Feta (zerkrümelt)
- 5 Oliven (in Scheiben geschnitten)
- 1 EL Olivenöl
- ½ TL Zitronensaft
- Salz & Pfeffer
- 1 TL frisches Basilikum

Zubereitung:

1. Alle Zutaten in einer Schüssel vermengen.
2. Mit Olivenöl, Zitronensaft & Gewürzen abschmecken.
3. Mit Basilikum garnieren.

     MKH © 2025

Mediterraner Zucchini-Tomaten-Salat mit Feta & Oliven

✅ Leicht, würzig & voller Nährstoffe!

Zutaten:

- 1 Zucchini (mit Sparschäler in dünne Streifen geschnitten)
- 2 Tomaten (gewürfelt)
- 50 g Feta (zerkrümelt)
- 5 Oliven (in Scheiben geschnitten)
- 1 EL Olivenöl
- ½ TL Zitronensaft
- Salz & Pfeffer
- 1 TL frisches Basilikum

Zubereitung:

1. Alle Zutaten in einer Schüssel vermengen.
2. Mit Olivenöl, Zitronensaft, Salz & Pfeffer abschmecken.
3. Mit frischem Basilikum garnieren.

Auberginen-Tomaten-Salat mit Knoblauch-Dressing

✅ Würzig, aromatisch & sättigend!

Vital Kitchen - gesund kochen, bewusst genießen

Zutaten:

- 1 Aubergine (gewürfelt)
- 2 Tomaten (gewürfelt)
- 1 Knoblauchzehe (gehackt)
- 1 EL Olivenöl
- ½ TL Oregano
- 1 TL Zitronensaft
- Salz & Pfeffer

Zubereitung:

1. Auberginenwürfel in Olivenöl anbraten & abkühlen lassen.
2. Mit Tomaten & Knoblauch vermengen.
3. Mit Oregano, Zitronensaft, Salz & Pfeffer würzen.

Rucola-Zucchini-Salat mit Avocado & Nüssen

☑ Knackig & voller gesunder Fette!

Vital Kitchen - gesund kochen, bewusst genießen

Zutaten:

- 1 Handvoll Rucola
- ½ Zucchini (in feine Streifen geschnitten)
- ½ Avocado (gewürfelt)
- 1 EL Walnüsse oder Mandeln (gehackt)
- 1 EL Olivenöl
- ½ TL Apfelessig
- Salz & Pfeffer

Zubereitung:

1. Rucola, Zucchini, Avocado & Nüsse in eine Schüssel geben.
2. Mit Olivenöl, Apfelessig, Salz & Pfeffer anmachen.

Bunter Tomaten-Gurken-Salat mit Kräuter-Dressing

✅ Erfrischend & perfekt für heiße Tage!

Vital Kitchen - gesund kochen, bewusst genießen

Zutaten:

* 2 Tomaten (gewürfelt)
* ½ Gurke (gewürfelt)
* 1 EL frische Kräuter (z. B. Petersilie, Basilikum, Minze)
* 1 EL Olivenöl
* ½ TL Zitronensaft
* Salz & Pfeffer

Zubereitung:

1. Tomaten & Gurken in eine Schüssel geben.
2. Kräuter fein hacken & hinzufügen.
3. Mit Olivenöl, Zitronensaft, Salz & Pfeffer würzen.

Lauwarmer Zucchini-Auberginen-Salat mit Pinienkernen

✅ Eine perfekte Beilage oder leichtes Hauptgericht!

Vital Kitchen - gesund kochen, bewusst genießen

Zutaten:

- 1 Zucchini (in Scheiben geschnitten)
- 1 Aubergine (in Scheiben geschnitten)
- 1 EL Pinienkerne
- 1 EL Olivenöl
- ½ TL Thymian
- ½ TL Zitronensaft
- Salz & Pfeffer

Zubereitung:

1. Zucchini & Aubergine in Olivenöl anbraten.
2. Mit Pinienkernen, Zitronensaft, Thymian, Salz & Pfeffer vermengen.

Griechischer Low-Carb-Salat mit Aubergine & Oliven

✅ Klassischer Geschmack ohne Kohlenhydrate!

Vital Kitchen - gesund kochen, bewusst genießen

Zutaten:

- 1 Aubergine (gewürfelt & gebraten)
- 1 Tomate (gewürfelt)
- 5 Oliven (gehackt)
- 50 g Feta (zerbröselt)
- 1 EL Olivenöl
- ½ TL Oregano
- Salz & Pfeffer

Zubereitung:

1. Aubergine braten & abkühlen lassen.
2. Mit Tomaten, Oliven & Feta mischen.
3. Mit Olivenöl, Oregano, Salz & Pfeffer anmachen.

Tomaten-Avocado-Salat mit Zitronen-Dressing

✅ Cremig & erfrischend!

Vital Kitchen - gesund kochen, bewusst genießen

Zutaten:

- 1 Tomate (gewürfelt)
- ½ Avocado (gewürfelt)
- 1 EL Zitronensaft
- 1 EL Olivenöl
- Salz & Pfeffer

Zubereitung:

1. Tomate & Avocado in eine Schüssel geben.
2. Mit Zitronensaft, Olivenöl, Salz & Pfeffer vermengen.

Zucchini-Nudelsalat mit Tomaten & Pesto

✅ Pasta-Feeling ohne Getreide!

Zutaten:

- 1 Zucchini (mit Spiralschneider zu Zoodles geschnitten)
- 2 Tomaten (gewürfelt)
- 1 EL Pesto (ohne Zucker)
- 1 TL Olivenöl
- Salz & Pfeffer

Zubereitung:

1. Zoodles mit Tomaten vermengen.
2. Mit Pesto, Olivenöl, Salz & Pfeffer anmachen.

Zucchini-Tomaten-Radieschen-Salat mit Dill-Dressing

✅ Knackig & würzig!

Vital Kitchen - gesund kochen, bewusst genießen

Zutaten:

- 1 kleine Zucchini (in dünne Streifen geschnitten)
- 1 Tomate (gewürfelt)
- 3 Radieschen (in Scheiben geschnitten)
- 1 TL frischer Dill
- 1 EL Olivenöl
- ½ TL Zitronensaft
- Salz & Pfeffer

Zubereitung:

1. Alle Zutaten in eine Schüssel geben.
2. Mit Olivenöl, Zitronensaft, Salz & Pfeffer anmachen.

Cremige Avocado-Gurkensuppe (kalt serviert)

✅ Perfekt für heiße Tage & sättigend

Vital Kitchen - gesund kochen, bewusst genießen

Zutaten:

- 1 reife Avocado
- ½ Gurke
- 200 ml Kokosmilch oder Mandelmilch
- ½ TL Zitronensaft
- ½ TL Kreuzkümmel
- Salz & Pfeffer
- 1 TL frische Kräuter (z. B. Dill oder Koriander)

Zubereitung:

1. Alle Zutaten in einem Mixer cremig pürieren.
2. Nach Geschmack mit Gewürzen und Kräutern verfeinern.
3. Kalt genießen!

Karfiol (Blumenkohl)-Suppe mit Kokosmilch

✅ Cremig, sättigend & blutzuckerfreundlich

Zutaten:

- ½ Blumenkohl (klein geschnitten)
- 200 ml Kokosmilch
- ½ Zwiebel (gewürfelt)
- 1 Knoblauchzehe (gehackt)
- 1 TL Currypulver
- 1 TL Kokosöl
- Salz & Pfeffer

Zubereitung:

1. Zwiebel & Knoblauch in Kokosöl anbraten.
2. Blumenkohl dazugeben & kurz mitbraten.
3. Mit Kokosmilch auffüllen und 10 Minuten köcheln lassen.
4. Pürieren und abschmecken.

Lachs mit Zitronen-Kräuterbutter & Brokkoli (Gesundes Mittagessen)

✅ Omega-3-Fettsäuren und Ballaststoffe zur Stabilisierung des Blutzuckers

Vital Kitchen - gesund kochen, bewusst genießen

Zutaten:

- 1 Lachsfilet (ca. 150–200 g)
- 1 TL Olivenöl
- 1 EL Butter
- 1 TL Zitronensaft
- 1 TL gehackter Knoblauch
- Salz, Pfeffer
- 1 TL frische Kräuter (z. B. Dill, Petersilie)
- 200 g Brokkoli

Zubereitung:

1. Den Lachs mit Olivenöl, Salz, Pfeffer und Zitronensaft würzen.
2. In einer Pfanne bei mittlerer Hitze ca. 4 Minuten pro Seite anbraten.
3. Butter mit Knoblauch und Kräutern schmelzen und über den Fisch geben.
4. Brokkoli dämpfen und als Beilage servieren.

Zucchini-Spaghetti mit Avocado-Pesto & Hähnchen

✅ Kohlenhydratarme Alternative zu Pasta mit gesunden Fetten

Vital Kitchen - gesund kochen, bewusst genießen

Zutaten:

- 1 Zucchini (mit Spiralschneider zu Spaghetti verarbeiten)
- 1 Hähnchenbrust (ca. 150 g)
- 1 TL Olivenöl
- Salz, Pfeffer
- 1 Avocado
- 1 EL Zitronensaft
- 1 EL Olivenöl
- 1 Knoblauchzehe
- 1 EL gehackte Walnüsse
- 2 EL frische Basilikumblätter

Zubereitung:

1. Hähnchenbrust in Streifen schneiden, würzen und in Olivenöl anbraten.
2. Avocado, Zitronensaft, Olivenöl, Knoblauch, Walnüsse und Basilikum pürieren.
3. Zucchini-Spaghetti kurz in der Pfanne erwärmen (nicht zu lange, sonst werden sie matschig).
4. Mit Avocado-Pesto und Hähnchen servieren.

Karfiol(Blumenkohl)reis mit Gemüse & Garnelen

✅ Leichte Mahlzeit mit viel Protein und Ballaststoffen

Zutaten:

- ½ Blumenkohl (gerieben oder als Blumenkohlreis)
- 150 g Garnelen
- 1 EL Kokosöl oder Olivenöl
- ½ rote Paprika (gewürfelt)
- ½ Zucchini (gewürfelt)
- 1 TL Sojasauce oder Tamari (glutenfrei)
- 1 TL Ingwer (gerieben)
- 1 Knoblauchzehe (gehackt)
- 1 Frühlingszwiebel (in Ringe geschnitten)

Zubereitung:

1. Garnelen mit Ingwer und Knoblauch anbraten.
2. Gemüse dazugeben und kurz mitbraten.
3. Geriebenen Blumenkohl hinzufügen, mit Sojasauce würzen und 3–5 Minuten dünsten.
4. Mit Frühlingszwiebeln garnieren und servieren.

Hähnchen-Curry mit Kokosmilch & Spinat

✅ Sättigend, würzig und voller Nährstoffe

Zutaten:

- 150 g Hähnchenbrust (in Würfel geschnitten)
- 200 ml Kokosmilch
- 1 EL Kokosöl
- 1 TL Currypulver
- 1 TL Kurkuma
- 1 TL Kreuzkümmel
- 1 Knoblauchzehe (gehackt)
- 1 Handvoll frischer Spinat
- ½ Zucchini (gewürfelt)
- Salz & Pfeffer nach Geschmack

Zubereitung:

1. Hähnchen in Kokosöl anbraten.
2. Knoblauch und Gewürze dazugeben und kurz rösten.
3. Kokosmilch, Zucchini und Spinat hinzufügen und 10 Minuten köcheln lassen.
4. Abschmecken und servieren.

Gebackene Hähnchenschenkel mit Rosmarin & Zitrone

✅ Saftig, aromatisch & einfach zuzubereiten

Zutaten:

- 2 Hähnchenschenkel
- 1 EL Olivenöl
- 1 TL Rosmarin
- 1 TL Paprikapulver
- 1 TL Zitronensaft
- Salz & Pfeffer

Zubereitung:

1. Hähnchenschenkel mit Öl, Zitronensaft und Gewürzen einreiben.
2. Bei 200 °C ca. 40 Minuten backen.

Mediterrane Hackfleisch-Pfanne mit Gemüse

✅ Proteinreich, sättigend und voller Geschmack

Vital Kitchen - gesund kochen, bewusst genießen

Zutaten:

- 200 g Rinder- oder Lammhackfleisch
- 1 kleine Zucchini (gewürfelt)
- ½ Paprika (gewürfelt)
- 1 Tomate (gewürfelt)
- 1 EL Olivenöl
- 1 TL Paprikapulver
- ½ TL Kreuzkümmel
- Salz & Pfeffer
- 1 TL frische Petersilie oder Koriander

Zubereitung:

1. Hackfleisch in Olivenöl anbraten.
2. Gemüse dazugeben und mitbraten.
3. Mit Gewürzen abschmecken und mit frischen Kräutern servieren.

 MKH © 2025

Gegrillte Auberginenröllchen mit Ziegenkäse & Walnüssen

☑ Low-Carb-Vorspeise oder leichte Mahlzeit

Zutaten:

- 1 Aubergine (in dünne Scheiben geschnitten)
- 100 g Ziegenkäse
- 1 EL gehackte Walnüsse
- 1 TL Olivenöl
- ½ TL Zitronensaft
- Salz & Pfeffer
- 1 TL frische Minze oder Basilikum

Zubereitung:

1. Auberginenscheiben in Olivenöl anbraten oder grillen.
2. Ziegenkäse mit Walnüssen, Zitronensaft und Gewürzen vermengen.
3. Die Masse auf die Auberginen streichen, einrollen und mit Kräutern servieren.

Zoodles mit Knoblauch-Garnelen

✅ Leichte & schnelle Pasta-Alternative

Vital Kitchen - gesund kochen, bewusst genießen

Zutaten:

* 1 Zucchini (mit Spiralschneider zu „Nudeln" geschnitten)
* 150 g Garnelen
* 1 EL Olivenöl
* 1 Knoblauchzehe (gehackt)
* ½ TL Zitronensaft
* 1 TL Butter
* Salz & Pfeffer
* 1 TL frische Petersilie

Zubereitung:

1. Garnelen in Olivenöl mit Knoblauch anbraten.
2. Zoodles kurz in Butter schwenken.
3. Mit Garnelen, Zitronensaft und Kräutern servieren.

Hähnchen mit Ofengemüse & Kräuterdip

✅ Einfach, nährstoffreich & sättigend

Vital Kitchen - gesund kochen, bewusst genießen

Zutaten:

- 1 Hähnchenbrust
- ½ Paprika
- ½ Zucchini
- ½ rote Zwiebel
- 1 TL Olivenöl
- Salz & Pfeffer
- 1 TL Rosmarin oder Thymian

Für den Dip:

- 2 EL griechischer Joghurt
- 1 TL Zitronensaft
- ½ Knoblauchzehe (gehackt)
- 1 TL gehackte Kräuter

Zubereitung:

1. Gemüse in Stücke schneiden, mit Olivenöl & Gewürzen vermengen.
2. Hähnchenbrust würzen, alles auf einem Backblech verteilen.
3. Bei 180 °C ca. 25 Minuten backen.
4. Mit dem Joghurt-Kräuter-Dip servieren.

Gefüllte Paprika mit Hackfleisch & Spinat

✅ Low-Carb-Alternative zu klassischen gefüllten Paprika

Zutaten:

- 2 rote oder gelbe Paprika
- 200 g Hackfleisch (Rind oder Huhn)
- ½ Zwiebel (gewürfelt)
- 1 Handvoll frischer Spinat
- 1 Knoblauchzehe (gehackt)
- 1 TL Olivenöl
- Salz & Pfeffer

Zubereitung:

1. Hackfleisch mit Zwiebel, Knoblauch und Spinat anbraten.
2. Paprika halbieren, entkernen und mit der Mischung füllen.
3. Bei 180 °C ca. 20 Minuten backen.

Gebratene Lachssteaks mit Avocado-Salsa

✅ Omega-3-Fettsäuren & gesunde Fette für Energie

Vital Kitchen - gesund kochen, bewusst genießen

Zutaten:

- 1 Lachsfilet
- 1 TL Olivenöl
- Salz & Pfeffer
- ½ Avocado (gewürfelt)
- ½ Tomate (gewürfelt)
- ½ TL Zitronensaft
- 1 TL gehackte Petersilie

Zubereitung:

1. Lachs mit Olivenöl, Salz & Pfeffer würzen und braten.
2. Avocado mit Tomate, Zitronensaft & Kräutern vermengen.
3. Lachs mit der Avocado-Salsa servieren.

Gebratene Leber mit Zwiebeln & Apfelessig

✅ Nährstoffreich & ideal für Eisenversorgung

Vital Kitchen - gesund kochen, bewusst genießen

Zutaten:

- 150 g Rinder- oder Hühnerleber
- ½ Zwiebel (in Ringe geschnitten)
- 1 EL Butter
- 1 TL Apfelessig
- Salz & Pfeffer

Zubereitung:

1. Zwiebeln in Butter anbraten, Leber dazugeben und 3–5 Min. braten.
2. Mit Apfelessig, Salz & Pfeffer abschmecken.

Auberginen-Pizza-Bites

✅ Die perfekte Low-Carb-Alternative zu Pizza!

Vital Kitchen - gesund kochen, bewusst genießen

Zutaten:

- 1 große Aubergine
- 1 große Tomate (gewürfelt)
- 50 g Mozzarella (gerieben oder in Scheiben)
- 1 EL Olivenöl
- ½ TL Oregano
- Salz & Pfeffer
- 1 TL frische Basilikumblätter

Zubereitung:

1. Aubergine in ca. 1 cm dicke Scheiben schneiden und mit Olivenöl bepinseln.
2. Bei 180 °C ca. 10 Min. im Ofen backen.
3. Tomatenwürfel mit Oregano, Salz & Pfeffer vermengen.
4. Tomaten auf die Auberginenscheiben geben, mit Mozzarella belegen und weitere 5 Min. backen.
5. Mit Basilikum garnieren und servieren

Gefüllte Zucchini-Boote mit Hackfleisch & Tomaten

☑ Sättigend & einfach vorzubereiten

Zutaten:

- 2 mittelgroße Zucchini
- 200 g Rinderhackfleisch
- 1 Tomate (gewürfelt)
- ½ Zwiebel (gewürfelt)
- 1 Knoblauchzehe (gehackt)
- 1 TL Olivenöl
- ½ TL Paprikapulver
- Salz & Pfeffer
- 1 TL frische Petersilie

Zubereitung:

1. Zucchini längs halbieren und aushöhlen.
2. Hackfleisch mit Zwiebeln, Knoblauch und Tomaten in Olivenöl anbraten.
3. Mit Gewürzen abschmecken und in die Zucchinihälften füllen.
4. Bei 180 °C ca. 20 Min. backen.
5. Mit Petersilie bestreuen und genießen.

Auberginen-Zucchini-Ratatouille

✅ Klassisch, aromatisch & perfekt als Beilage oder Hauptgericht

Zutaten:

- 1 Aubergine (gewürfelt)
- 1 Zucchini (gewürfelt)
- 2 Tomaten (gewürfelt)
- ½ Zwiebel (gewürfelt)
- 1 Knoblauchzehe (gehackt)
- 1 EL Olivenöl
- ½ TL Thymian
- ½ TL Oregano
- Salz & Pfeffer

Zubereitung:

1. Aubergine mit etwas Salz bestreuen und 10 Min. ziehen lassen. Danach abspülen.
2. Zwiebeln & Knoblauch in Olivenöl anbraten.
3. Aubergine, Zucchini & Tomaten dazugeben und mit Gewürzen abschmecken.
4. Ca. 15 Min. bei mittlerer Hitze köcheln lassen.

Gegrillte Auberginen mit Tomaten-Knoblauch-Salsa

✅ Sommerlich leicht & voller Geschmack

Zutaten:

- 1 Aubergine (in Scheiben geschnitten)
- 1 große Tomate (gewürfelt)
- 1 Knoblauchzehe (gehackt)
- 1 EL Olivenöl
- ½ TL Balsamico-Essig
- Salz & Pfeffer
- 1 TL frisches Basilikum

Zubereitung:

1. Auberginenscheiben mit Olivenöl bestreichen und grillen.
2. Tomaten mit Knoblauch, Balsamico & Gewürzen vermengen.
3. Die Salsa auf die gegrillten Auberginen geben & mit Basilikum servieren.

Zucchini-Spaghetti mit Tomaten & Basilikum

✅ Die beste Pasta-Alternative ohne Getreide!

Zutaten:

- 1 große Zucchini (mit Spiralschneider zu Zoodles geschnitten)
- 2 Tomaten (gewürfelt)
- 1 Knoblauchzehe (gehackt)
- 1 EL Olivenöl
- ½ TL Oregano
- Salz & Pfeffer
- 1 TL frische Basilikumblätter

Zubereitung:

1. Tomaten mit Knoblauch & Oregano in Olivenöl anbraten.
2. Zoodles kurz dazugeben und nur 1 Min. mit erhitzen.
3. Mit Salz, Pfeffer & Basilikum abschmecken.

Auberginen-Tomaten-Auflauf (Low-Carb Moussaka)

✅ Wärmend, würzig & perfekt für den Ofen

Zutaten:

- 1 Aubergine (in Scheiben geschnitten)
- 1 Zucchini (in Scheiben geschnitten)
- 2 Tomaten (in Scheiben geschnitten)
- 100 g Feta oder Mozzarella
- 1 EL Olivenöl
- ½ TL Oregano
- Salz & Pfeffer

Zubereitung:

1. Auberginen- & Zucchinischeiben in Olivenöl anbraten.
2. In eine Auflaufform schichten: Zucchini, Auberginen, Tomaten, Feta.
3. Mit Oregano, Salz & Pfeffer würzen.
4. Bei 180 °C ca. 20 Min. backen.

Auberginen-Carpaccio mit Tomaten & Rucola

✅ Eine feine Vorspeise oder leichtes Abendessen!

Vital Kitchen - gesund kochen, bewusst genießen

Zutaten:

- 1 Aubergine (in dünne Scheiben geschnitten & gegrillt)
- 1 Tomate (gewürfelt)
- 1 Handvoll Rucola
- 1 EL Olivenöl
- ½ TL Balsamico-Essig
- Salz & Pfeffer

Zubereitung:

1. Gegrillte Auberginen auf einen Teller legen.
2. Mit Tomaten & Rucola garnieren.
3. Mit Olivenöl, Balsamico, Salz & Pfeffer würzen.

Gebratene Champignons mit Knoblauch & Kräutern

✅ Schnelle, nährstoffreiche Beilage

Vital Kitchen - gesund kochen, bewusst genießen

Zutaten:

- 200 g Champignons (halbiert oder in Scheiben)
- 1 EL Butter oder Ghee
- 1 Knoblauchzehe (gehackt)
- 1 TL frische Kräuter (z. B. Petersilie oder Thymian)
- Salz & Pfeffer nach Geschmack

Zubereitung:

1. Butter in einer Pfanne erhitzen, Knoblauch kurz anbraten.
2. Champignons dazugeben und goldbraun braten.
3. Mit Kräutern und Gewürzen abschmecken.

Gebratene Zucchini mit Tomaten & Parmesan

✅ Schnelle, gesunde Beilage oder Hauptgericht

Zutaten:

- 1 Zucchini (in Scheiben geschnitten)
- 1 Tomate (gewürfelt)
- 1 EL Olivenöl
- ½ TL Oregano
- Salz & Pfeffer
- 1 TL Parmesan (gerieben)

Zubereitung:

1. Zucchinischeiben in Olivenöl anbraten.
2. Tomaten & Oregano dazugeben & kurz mitgaren.
3. Mit Salz, Pfeffer & Parmesan bestreuen.

Hier sind einige blutzuckerfreundliche Salatrezepte, die ohne Zucker, Getreide und Stärke auskommen! 🥗🩶

Kokos-Chia-Pudding (Perfekt als Dessert oder Frühstück)

✅ Ballaststoffreich & sättigend ohne Blutzuckerspitzen

Vital Kitchen - gesund kochen, bewusst genießen

Zutaten:

- 200 ml Kokosmilch
- 2 EL Chiasamen
- ½ TL Zimt
- 1 TL gemahlene Vanille
- 1 Handvoll Beeren (z. B. Himbeeren, Heidelbeeren)
- 1 EL gehackte Nüsse (z. B. Mandeln oder Walnüsse)

Zubereitung:

1. Kokosmilch mit Chiasamen, Zimt und Vanille verrühren.
2. Mindestens 3 Stunden oder über Nacht quellen lassen.
3. Mit Beeren und gehackten Nüssen garnieren.

Avocado-Schoko-Mousse (zuckerfrei!)

✅ Cremiges Dessert ohne Zucker und Stärke

Zutaten:

- 1 reife Avocado
- 2 EL ungesüßtes Kakaopulver
- 1 TL gemahlene Vanille
- 1 EL Kokosmilch oder Mandelmilch
- ½ TL Zimt
- Optional: ein paar gehackte Nüsse oder Beeren als Topping

Zubereitung:

1. Alle Zutaten cremig pürieren.
2. In kleine Gläser füllen und für 30 Minuten kühlen.
3. Mit gehackten Nüssen oder Beeren garnieren und genießen.

Mandelbrot ohne Mehl & Zucker

✅ Perfektes Low-Carb-Brot für Sandwiches oder als Beilage

Vital Kitchen - gesund kochen, bewusst genießen

Zutaten:

- 200 g gemahlene Mandeln
- 3 Eier
- 1 TL Backpulver
- 1 Prise Salz
- 50 ml Kokosöl (geschmolzen)
- 2 EL Leinsamen (geschrotet)
- 50 ml Wasser

Zubereitung:

1. Alle Zutaten vermischen und in eine Kastenform geben.
2. Bei 180 °C für ca. 30–40 Minuten backen.
3. Abkühlen lassen und genießen.

Eiweißbrötchen ohne Mehl

✅ Perfekt als Frühstücksbrötchen oder Snack

Vital Kitchen - gesund kochen, bewusst genießen

Zutaten:

- 3 Eier
- 150 g Quark oder Kokosjoghurt
- 100 g gemahlene Mandeln
- 1 TL Backpulver
- 1 EL Flohsamenschalen
- 1 Prise Salz
- 1 EL Sesam oder Sonnenblumenkerne (zum Bestreuen)

Zubereitung:

1. Alle Zutaten vermengen, kleine Brötchen formen.
2. Mit Sesam oder Sonnenblumenkernen bestreuen.
3. Bei 180 °C ca. 25 Minuten backen.